DIE TÜRME DER ERINNERUNG

Erzählung

Peter Heinl

DIE TÜRME DER ERINNERUNG
Erzählung

THINKAEON

Copyright © Peter Heinl, 2017

Thinkaeon®

Thinkclinic® Publications

Thinkclinic® Limited

32 Muschamp Road

GB London SE15 4EF

ISBN 978-0-9935802-6-0

Der Autor/Verlag dankt für das Respektieren des folgenden Hinweises: Alle Rechte vorbehalten. Der Nachdruck ist, auch auszugsweise, nicht gestattet. Kein Teil dieses Werkes darf ohne schriftliche Einwilligung des Autors/Verlags in irgendeiner Form (Fotokopie, Mikrofilm, Digital, Audio, TV oder irgendeinem anderen Verfahren) – auch nicht für Zwecke der Unterrichtsgestaltung – reproduziert oder unter Verwendung elektronischer Systeme verarbeitet, vervielfältigt oder verbreitet werden.

www.thinkclinic.com

drpheinl@btinternet.com

Twitter: @DrPeterHeinl und @Thinkclinic

Facebook: peter.thinkclinic und thinkclinic

LinkedIn: Peter Heinl

Xing: Peter Heinl

Gestaltung und Umsetzung: uwe kohlhammer

Umschlagabbildung: Peter Heinl

Meinem Vater gewidmet

Ich kreise um Gott, um den uralten Turm,

und ich kreise jahrtausendelang;

und ich weiß noch nicht: bin ich ein Falke, ein Sturm

oder ein großer Gesang.

Rainer Maria Rilke
Aus dem Stundenbuch, 1905

INHALT

I 11

II 17

III 55

IV 59

V 69

VI 73

VII 79

VIII 83

IX 87

X 101

XI 103

Dank 107

Bücher
von Hildegund Heinl und Peter Heinl 109

I

„Können Sie mir bitte den Namen Ihrer Geburtsstadt nennen?", fragte ich Richard N, nachdem er seinen Platz eingenommen hatte. Er lächelte und sagte, natürlich könne er das. „Vielleicht könnte der Name dieser Stadt auch für Sie von Bedeutung sein. Vielleicht kennen Sie diese Stadt aus Ihrer persönlichen Erfahrung. Aber letztlich ist der Name der Stadt unwesentlich. Er trägt nichts zu ihrem Wesen bei. Diese Stadt könnte auch einen anderen Namen tragen, der aus anderen Buchstaben zusammengesetzt ist und eine andere Lautkomposition erzeugt.

Daher", fuhr Richard N fort, „sehe ich davon ab, Ihnen den Namen der Stadt zu sagen, und bitte um Ihr Verständnis.

Wenn ich an diese Stadt denke, denke ich nicht an ihren Namen, sondern nur daran, wie ich sie nenne. Ich nenne sie die Stadt am Strom. So können Sie es auch aufschreiben, wenn Sie wollen, und so träume ich auch von der Stadt oder so denke ich an sie, wenn ich tagsüber in einer fremden Stadt durch die Straßen gehe und an die Stadt am Strom denke. Deswegen bin ich auch zu Ihnen gekommen, um Ihnen von der Stadt am Strom zu erzählen, wobei ich gar nicht weiß, wo ich anfangen soll, wie vielleicht auch der Strom nicht weiß, wo er entsprang. Haben Ströme eine Erinnerung daran, wo sie ihren Anfang nehmen?", fragte er mich.

„Vielleicht", entgegnete ich. „Ich weiß es nicht. Ich kann es nicht beurteilen."

„Erwarten Sie, dass ich weiß, wo ich anfangen soll?", fragte mich Richard N nun.

„Nein, ich überlasse es Ihnen. Das können nur Sie wissen. Sie dürfen anfangen, wo Sie wollen. Sie können auch aufhören, wo Sie wollen. Ich werde, so gut ich es kann, mitschreiben, was Sie sagen, obwohl ich weiß, dass es nur eine klägliche Form des Festhaltens ist. Ansonsten werde ich nicht viel tun. Vielleicht werde ich das eine oder andere nicht verstehen, was Sie sagen, vielleicht auch nicht. Mehr kann ich im Moment nicht sagen."

„Es ist wohl so, wie Sie sagen", entgegnete Richard N, „und ich kann wohl auch nicht mehr erwarten. Aber ich freue mich, dass Sie mir zuhören werden. Ich weiß nicht, ob das, was ich sage, in Ihre Ohren dringen wird. Ich weiß nicht, was mit dem, was ich sage, in Ihnen geschieht."

Gewiss hatte Richard N recht. Er hätte auch recht gehabt, wenn er gesagt hätte, dass ich es selbst nicht wissen konnte. Wie hätte ich wissen können, was seine Worte oder Sätze in mir auslösen? So gut kannte ich mich nicht, um es im Einzelnen vorhersehen oder vorhersagen zu können. Ich war kein Prophet und ich würde kein Prophet sein, auch nicht in Dingen, die mich selbst betrafen.

„Herr N, ich weiß nicht, was Sie sagen werden. Ich werde auch nicht wissen, was Ihre Erzählung in mir bewegen wird. Ich kann nicht vorhersehen, was geschehen wird. Ein Boot, das über das Meer fährt, weiß es auch nicht."

„Es ist gut, dass Sie es so klar darstellen", entgegnete Richard N. „Vielleicht können Sie wirklich nicht mehr sagen. Ich werde einfach mit meiner Erzählung beginnen oder wie immer Sie es auch nennen mögen. Es ist mir nur wichtig, dass Sie verstehen, dass es keine Geschichte im strengen Sinn ist. Ich erzähle, wenn ich so sagen darf, von meiner Stadt an meinem Strom."

„Ich bin gespannt und höre Ihnen zu", sagte ich.

„Gut, dann fange ich an", erwiderte Richard N.

II

„Die Stadt liegt in meinem Bewusstsein am Strom", begann Richard N. „Aber sie fließt auch in meinem Bewusstsein. Ich weiß nicht, ob Sie das verstehen. Die Stadt steht nicht nur, sie fließt.

Stadt am Strom

Im Gezeitendom

Fliesst in die Zeit hinein.

Ich stehe wie im Licht, allein.

Verstehen Sie, was ich sagen will?"

Richard N hatte wohl keine Antwort erwartet, sondern diese Frage im Grunde an sich selbst gerichtet.

„Gezeitendom

am Städtestrom

zieht durch die blaue Nacht.

Der Turm im Grünspan wacht.

In der Stadt gab es ein großes Bauwerk. Sie könnten es einen Dom nennen oder eine Kathedrale. Jedenfalls war es ein religiöses Bauwerk. Wenn ich von einem religiösen Bauwerk spreche, so klingt dies eigenartig, da ein Bauwerk nicht religiös sein kann. Es ist nur mit einer religiösen Intention erbaut oder nach der Erbauung einem religiösen Zweck zugedacht worden. Ich denke, es wird Letzteres gewesen sein, obwohl ich nicht weiß, was der Begriff des Religiösen beinhaltet. Aber natürlich weiß ich, dass ich es wissen sollte.

Für mich ist der Begriff des Religiösen eine Art Schale", sagte Richard N, „wie eine Obstschale, die nie gefüllt worden ist. Vielleicht", fügte er hinzu, „wird sie sich gegen Ende meines Lebens füllen. Es gibt Menschen, die sich kurz vor ihrem Tod wieder in die Hände des Religiösen begeben haben. Vielleicht wird es mir ähnlich ergehen. So bitte ich Sie, dass Sie mir meine derzeitige unzureichende religiöse Ausrichtung nicht übel nehmen."

„Gewiss nicht", versicherte ich Richard N. Es wäre auch unangebracht, wollte ich behaupten, mich in diesen Angelegenheiten als eine Autorität bezeichnen zu wollen.

„Im Übrigen", fügte ich hinzu, „sehe ich meine Rolle als dahingehend eingegrenzt, dass ich einfach zuhören will – soweit dies in meiner Macht steht, obgleich ich mir bewusst bin, in welch hohem, ja vielleicht bestimmenden Maß die Ohnmacht die Dynamik des Zuhörens bestimmt. Aber dies sei nur am Rande erwähnt."

„Dieses religiöse Bauwerk", fuhr Richard N fort, „interessierte mich immer sehr, es faszinierte mich geradezu. Es zog mich in seinen Bann. Ich könnte nicht sagen, dass dies vor allem durch das religiöse Attribut hervorgerufen worden wäre. Aber ich hätte auch nicht sagen können, dass es allein seiner Architektonik zuzuschreiben gewesen wäre. Obgleich diese immer meine Bewunderung erregt hatte, wenn ich mir vor Augen halte, wie hoch die Türme des Bauwerks – ich nenne es der Einfachheit halber einen Dom –, in den Himmel ragten, mit welch primitiven Mitteln Stein um Stein in die Höhe gereicht werden mussten und auf welch schwindelerregenden Vorsprüngen und Turmkanten die Menschen standen, um das Werk seiner Vollendung zuzuführen. Es ist ungemein. Es erzeugt eine Dimension des Staunens, die ich nicht fassen kann. Das Bauwerk, der Dom, ist so groß, ich kann es wirklich nicht fassen. Und immer, wenn ich vor ihm stehe oder sein Bild in meinem Bewusstsein auftaucht, überkommt mich das gleiche unsägliche Staunen. Es ist beinahe eine Ehrfurcht, wobei ich mich frage, ob hierin vielleicht ein religiöses Gefühl mitschwingt. Ich sage dies nur, weil ich es nicht genau benennen kann. Die Türme des Domes ragen so hoch. Manchmal scheint es mir, als würden die Wolken langsamer, wenn sie auf dem blauen Himmelsmeer über den sandsteinroten Dom hinwegziehen.

Türme in Sandrot verweht,

Blaue Wolken gemäht.

Bögen leihen der Zeit

ein Trompetenkleid.

Korallen im Licht,

Domgesicht.

Augen gefangen

an Fahnenstangen.

Krypta im Dunkel,

Sternengefunkel.

Türme mondlichtbedacht,

Andacht so kerzensacht.

Ich konnte den Dom nicht vergessen. Vielleicht wünschte ich mir, dieses riesige Bauwerk, diese türmereckende Imposanz, diesen majestätischen Gleichmut verdrängen zu können oder wie auch immer man es benennen mag. Ich sage majestätisch, obgleich ich kein Anhänger royalistischer Gedankengänge bin. Gewiss nicht. Ich beschreibe nur Gefühle, die ich immer wieder, wenn auch in unterschiedlicher Intensität, erlebte, wenn mir das Bild dieses Bauwerks in der äußeren Wirklichkeit oder vor meinem inneren Auge erschien. Es war immer so und es wird wohl auch immer so sein. Ich kann mir nur schwer einen Zustand vorstellen, vielleicht allgemein ausgedrückt einen Seinszustand, in dem ich lebe, ohne dass dieses Bauwerk in ihm vertreten wäre. Es ist beinahe so, als stünde dieses Bauwerk nicht nur in der Stadt am Strom, sondern als lebte sein Abbild auch in mir.

Rote Türme ragen

in blaue Wolkensagen.

Rondell im Licht,

Altargesicht.

Kreuzgang,

im Sternengesang.

Weihrauch

im Domschiffbauch.

Die hohen Türme lebten, wenn ich so sagen darf – ich hoffe, Sie verstehen den Begriff des Lebens so, wie ich ihn im metaphorischen Sinn verstehe – schon lang, nach meiner Kenntnis einige Jahrhunderte. Wenn ich mich richtig erinnere, reicht der Beginn dieses Bauwerks in eine Zeit zurück, die man das Mittelalter nennt. Ich muss hierzu sagen, dass ich diesen Begriff nie so ganz habe begreifen können. Die wir heute in der Neuzeit leben – wie wird man die Zeit benennen, wenn die Neuzeit eines Tages beendet sein wird?", fragte Richard N mehr zu sich als zu mir gewandt und ich muss gestehen, dass ich mich seiner Logik schwer entziehen konnte.

„Aus diesem Grund", fuhr er fort, „fällt es mir schwer, von Mittelalter zu sprechen. Vielleicht gab es unter den Menschen, die beispielsweise mit der Errichtung des Domes beschäftigt waren, solche, die sich schon damals, also vor vielen hundert Jahren, in der Neuzeit wähnten. Wer hätte ihnen das Recht abstreiten können, sich neuzeitlich zu fühlen, wenn sie solche großartigen Kunstwerke nicht nur auf der Erde, sondern bis hoch in den Himmel bauten? Vielleicht können Sie dies nachvollziehen. Vielleicht hat jede Zeit die immanente Tendenz, sich ein Stückchen übermenschlicher zu fühlen als die vorhergehende. Nun, dies sind meine eigenen Gedanken und ich spreche auch nicht viel darüber. Ich sage Ihnen dies nur um des Verständnisses willen. Vielleicht fällt es Ihnen so leichter einzusehen, warum ich Ihre

Eingangsfrage nicht direkt beantwortet habe – Ihre Frage nach dem exakten Namen meiner Geburtsstadt. Ein solcher Name, wie auch meiner, und, wenn ich das sagen darf, auch Ihrer", führte Richard N, an mich gewandt, aus, „ist ein Erzeugnis und Zeugnis von Willkür; nicht zwangsläufig von Willkür im schlechten Sinn, sondern das Ergebnis einer Wahl. Diese Wahl hätte auch zu einem ganz anderen Ergebnis führen können. Aber d es sei nur als Andeutung gedacht.

Türme kennen deine Weise

im Irrgang deiner Reise.

Wildwuchs sät

lichtgeweht.

Hoher Gesang

im Türmeklang.

Portale

in biblischer Schale.

Sie sehen, wie ich immer wieder auf dieses Bauwerk zu sprechen komme, als sei es ein Magnet, der mich anzieht. Ich kann mir die Stadt ohne Häuser vorstellen, aber nicht ohne dieses Bauwerk, diesen Dom. Ich weiß nicht, warum er sich so in mich eingraviert hat. Vielleicht, weil es sonst in der Stadt kein Gebäude gibt, das so hoch in den Himmel ragt und das mir aufgrund seiner großen Höhe ein solch tiefes Gefühl der eigenen Kleinheit zu vermitteln in der Lage wäre. Es ist nicht so, dass ich mich als ein Nichts fühlen würde, wenn ich, den Kopf in den Nacken gelegt, an dem Dom aufschaue. Ich fühle mich in dem Sinn klein, dass ich tatsächlich nur so groß bin, wie ich bin, und dass ich – im Vergleich zu den sandsteinroten Türmen – nur vergleichsweise kurze Zeit am Fuß dieses Domes meine Lebenskreise ziehen werde. So bringt mich der Dom in einer seltsam berührenden Weise dazu, mich klein zu fühlen, ohne mich wie ein Nichts zu fühlen, und mich als endlich in der Zeit zu fühlen, ohne an dem Nicht-erleben-Dürfen der Unendlichkeit zu verzweifeln.

Ich hoffe, Sie vermögen dem, was ich sage, noch zu folgen", wandte sich Richard N nun an mich.

„Ja, doch, ich kann es", bestätigte ich ihm.

„Ich hoffe, dass ich Sie mit meinen Gedankengängen nicht zu sehr belaste, indem ich das Bauwerk Ihrer Gedankengerüste vielleicht zu sehr in Frage stelle?"

„Ich finde es einfühlsam von Ihnen", erwiderte ich, „dass Sie diese Möglichkeit in Betracht ziehen. In der Tat haben Sie recht, wenn Sie – sofern ich Sie richtig verstehe – ausführen, dass auch schon Mitteilungen von Gedanken für den Zuhörenden eine Art von Bedrohung für dessen Gedankenwelt darstellen können. Hier stimme ich Ihnen vollkommen zu, denn Menschen können daran buchstäblich zerbrechen. Aber im Moment können Sie, was mich betrifft, noch unbesorgt sein."

„Ich darf davon ausgehen, dass Sie sich melden werden, wenn das, was ich sage, Ihre Gedankenwelt zu sehr bedroht?", hakte Richard N nach.

„Ja, seien Sie versichert", entgegnete ich und ergänzte, dass ich ihn in einem solchen Fall um den Abbruch seiner Ausführungen bitten würde, aber – und dies sagte ich in scherzhaftem Ton — aller Voraussicht nach auf die Unterstützung polizeilicher Kräfte verzichten würde.

„Damit haben Sie meine Sorgen gegenstandslos gemacht", erwiderte Richard N. Worauf ich entgegnete, „Hiervon dürfen Sie ausgehen, Herr N."

„Dann werde ich also fortfahren."

„Und ich werde Ihnen weiterhin zuhören."

„TÜRMEREITER,

STUFENLEITER.

HIMMEL IM LICHT

IM KAPUZINERGESICHT.

Choräle hallen,

Roben wallen.

Satan brennt die Zeit,

Es tut ihm gar nicht leid.

Ich weiß gar nicht, ob Sie nachvollziehen können", fuhr Richard N fort, „in welchem Maß mich das Alter dieses Bauwerks immer wieder von Neuem erstaunte. Natürlich verfügte ich über eine gewisse Vorstellung darüber, wie alt ich selbst war, obgleich diese Einschätzung im Lauf der Zeit schwankte, ja manchmal von Stunde zu Stunde. In besonderen Situationen schien es mir geradezu so, als könnte ich mein Alter bestimmen. Aber dann geschah es, als verschwämme mein Alter im Unbestimmten, vielleicht wie ein

Schlitten, der in einer Geschwindigkeit, die derjenigen des Lichtes nahekommt, in einer weißen Schneewüste zwischen zwei Polen hin- und herg leitet. Der Dom war für mich – ich kann es nicht anders ausdrücken – ein Bezugspunkt des Alters – wie eine Fahnenstange im Wind, die zwar den Wind nicht in Sichtbarkeit verwandelt, aber seine Wirklichkeit begreifbarer macht. So machte der Dom mit seinen aufrechten Türmen für mich das Phänomen des Alters begreifbarer.

Damit will ich Ihnen nicht sagen, dass ich mich alt fühlte, wenn ich mich in der Nähe der Herrschaft seiner Türme aufhielt. Im Gegenteil, manchmal fühlte ich mich sogar wie ein kleiner Junge, der mit großen Augen vor einem schier unendlich großen Werk steht, das so unfassbar groß ist, dass es nicht durch die Augenhöhle in das Innere des Begreifens zu ziehen ist. Aber es war, wenn ich dies so ausdrücken darf, eine wohltuende Erfahrung, die mich so sacht wie ein sanfter Windhauch an das Phänomen meiner Anbindung an den Fluss der Zeit erinnerte. Gewiss wirkten die Türme des Domes, die auf seinem mächtigen, bauchigen Leib in die Wolkenlandschaft ragten, alt. Aber weil sie wiederum so alt, das heißt Jahrhunderte alt waren, und dies ist wohl ohne Zweifel dokumentiert, umgab das exakte Lebensalter des Domes eine Zeitlosigkeit, was wohl auch zu dem Gefühl der Gelassenheit beitrug, mit der er die um ihn gescharten und an ihn gekuschelten Häuser beschien.

Ebenso empfand ich, wenn ich das Innere des Domes betrat und mich an der Ausgewogenheit der hohen, gewagten und doch in einem Gleichmaß ruhenden Formen freute, weil sie meinen Sinnen das Erleben der Begrenztheit der Wirklichkeit des Innenraums und gleichzeitig die Unbegrenztheit der Möglichkeiten darboten. Während ich mich auf einem Grat zwischen gedämpftem Dunkel und Lichtstrahlen, die durch die hohen Fenster brachen, langsam durch das Domschiff bewegte, schien der Riesenleib des Domes in Andacht stillzustehen, wissend um die Verankerung in der Erde und wissend um seinen Bezug zum Verlauf der Sonnenuhr und dem Gang des Mondes. Und so schien der Dom durch die Zeiten zu schweben.

Türme singen,

Töne ringen.

Domgang,

Rosenklang.

Im schwebenden Licht

schwebt, bricht

der Atem der Zeit.

Die Kuppeln leuchten weit.

Verzeihen Sie", erläuterte Richard N, „dass ich immer wieder in Verse übergehe oder sozusagen ausbreche. Ich verstehe die Verse wohl ebenso wenig wie Sie und bitte Sie, ihnen keine allzu tiefe Bedeutung beizumessen. Ich spreche die Verse aus, weil sie mir ganz spontan in den Sinn kommen, so wie sich die blauen Tauben auf den sandsteinroten Türmen niederlassen. Zudem entstehen die Verse aus einer inneren Stimmung, die mich an das Wasserholen aus dem Brunnen im Kreuzgang erinnert. Zwar wird dieser Brunnen heute nicht mehr gebraucht, aber in vergangenen Zeiten war er eine Lebensader für die Mönche und die im Umfeld des Domes wirkende Geistlichkeit.

Ebenso wie, zumindest für mich, der Dom die Widersprüchlichkeit von bestimmbarem Alter und Zeitlosigkeit, von stehendem Halt und schwebendem Gleiten verkörpert, steht er für mich auch in einem Grenzland zwischen Himmel und Erde, zwischen dem matten Sandsteinrot seiner Herkunft und dem Blau des Wolkenkontinents, in den er die Finger seiner Türme streckt.

Ob sich der Dom in der Zeit seiner Entstehung wie ein wachsendes Wesen gefühlt haben mochte, das Stein um Stein in den Himmel wuchs? Vor allem, wenn ich den Dom von außen, und zudem noch aus größerer Entfernung betrachte, erregt dies eine eigenartige Empfindung in mir, als spiegele der Dom eine Seite von mir wider, die unter dem

Mantel der Selbstverständlichkeit verloren gegangen schien, dass auch ich – auch wenn ich nur ein vergleichsweise winziges Türmchen, ja nicht mehr als ein Würmchen bin – eine gewisse himmelaufstrebende Tendenz in mir trage. Obgleich meine Füße dank der Schwerkraft in der Regel dem Erdboden treu bleiben, verspüren meine Hände und Fingerspitzen manchmal die Regung, sich in den Himmel zu strecken.

Dass solche Bemühungen", fuhr Richard N fort, „nicht sehr weit gedeihen, ist einleuchtend. Aber es ändert nichts an der Tatsache, dass ich eine Seelenverwandtschaft zu dem Dom erlebe. Ich könnte den Dom in diesem Punkt sogar als eine Art Vorbild betrachten, da er es schon viel weiter gebracht hat und viel höher hinaus gekommen ist, als es mir jemals beschieden sein wird.

TURMHOHE WEISEN,

IN TÖNEN, SEHR LEISEN,

ROSENBEDACHT,

WOLKENSACHT.

WANDELLICHT,

TÜRME IRREN NICHT.

APRIKOSEN BLÜHEN WEISS,

GLOCKENKREIS.

Öffnet das Tor.

Zukunft pocht im Chor.

Das Tor macht weit

und schlüpft ins Rotsandkleid.

Wer wäre ich ohne diesen Dom?", fragte Richard N, wobei diese Frage wie an ihn selbst gerichtet schien.

„Dabei möchte ich mich nicht als einen Domherren bezeichnen. Ich bin auch kein Dominikaner. Wie ich schon andeutete, wäre es verfehlt, würde ich mich als religiös bezeichnen, weil ich mich überfordert fühle, die Essenz einer solchen Geisteshaltung zu beschreiben. Ich habe daher auch nie mit dem Gedanken einer religiösen Karriere in den Bahnen kirchlicher Professionalität gespielt.

Ich hätte angesichts meines verschwommenen religiösen Sinnes keinen leichten Stand gehabt. Sicher wäre ich dank meines Verstandes in der Lage gewesen, gewisse administrative Leistungen zu vollbringen, aber man hätte wohl immer die Natur und die Festigkeit meines Glaubensfundamentes angezweifelt. Vermutlich hätte ich die regelmäßigen, obligatorischen Überprüfungen meines Glaubens nur mit Mühe und Not oder – unkirchlicher ausgedrückt – mit Hängen und Würgen überstanden. Und, diese Frage ist Ihnen vielleicht auch schon gekommen", wandte sich Richard N an mich, „was hätte ich beichten sollen?

Gewiss hatte ich mich einiger Sünden längs meines biografischen Weges schuldig gemacht. Ich bin mir vollauf bewusst, dass ich nicht über allem stehe. Aber was hätte ich bekennen sollen, hätte man mich gefragt, wie tief und felsenfest mein Glaube sei? Ich hätte erklären müssen, er wurzele, anders als das Fundament des Domes, im Erdreich des Zweifels. Hätte ich dieser Frage ausweichen können?", fragte mich Richard N, ohne eine Antwort von mir zu erwarten, vermutlich, weil ich ihm verständlich machen konnte, dass ich in diesen Angelegenheiten und Fragwürdigkeiten nicht der richtige Ansprechpartner sein konnte. „Würden Sie das Fehlen eines solchen tief verankerten Glaubensfundamentes als Sünde bezeichnen? Bin ich mit einem zu schwachen Fundament geboren? Oder habe ich die Posaunen des Glaubens nicht gehört? War ich zu einer Zeit, in der ich vom Glauben hätte befruchtet werden können, nicht glaubensempfänglich? Oder, und diese selbstkritische Frage muss ich mir auch stellen, war vielleicht der Glaube klug genug, zu der Schlussfolgerung zu kommen, bei einem so unsicheren Kandidaten wie mir nicht seine Rosenperlen zu verschütten?

In letzterem Fall wäre es nicht allzu sinnvoll, meine Bemühungen dahin gehend auszurichten, den Glauben zu einer Änderung seiner Einstellung mir gegenüber zu bewegen. Vielleicht ist es mein Schicksal, mein Leben in einem Grenzland zwischen Glauben und Unglauben zu verbringen, ohne Hoffnung auf umfassende Erlösung, aber auch verschont von der Aussicht, völlig der Verdammnis ausgeliefert zu sein. Vielleicht liegt in einer solchen Gratwanderung letztlich eine Gnade, die mir erst jetzt, wo ich so offen mit Ihnen spreche, bewusst wird, was ich zum Anlass nehmen möchte, Ihnen für Ihr bisheriges Zuhören zu danken.

FÜLLHORNBEDACHT

IN DER GLAUBENSNACHT.

ZWEIFEL STEIGEN

WEISS IM KELCHVERNEIGEN.

BIRNEN TANZEN BLIND

IM PSALMENWIND.

HOCH DIE WOLKEN TREIBEN

IN SÜNDHAFT ROTEN SCHEIBEN.

HOFFNUNG SUCHT DAS LOT

IM LEIBESBROT.

ROTER WEIN

TUNKT DICH INS SEIN.

Wieder sehe ich den großen Dom vor mir", fuhr Richard N fort. „Vielleicht wundern Sie sich, was ich erlebe. Aber ich berichte es Ihnen nicht anders als es ist. Glauben Sie mir?"

Da es dieses Mal augenscheinlich war, dass Richard N mich in Erwartung einer Antwort auf seine Frage angesprochen hatte, bestätigte ich ihm mit Nachdruck, dass ich ihm Glauben schenkte.

„Ja, ich glaube Ihnen!"

„Sind Sie sich sicher? Ich hoffe, Sie werten meine Frage nicht als Misstrauen. Aber Sie waren so offenherzig, mir zu bekunden, dass Sie kein religiöser Mensch sind, was sich wiederum so interpretieren ließe, dass Sie, mit Verlaub gesagt, zu den Ungläubigen zu zählen sind."

„Ihre Schlussfolgerung ist naheliegend, Herr N", gab ich ihm zu verstehen, „aber ich trenne das Religiöse vom Nichtreligiösen, das heißt den religiösen vom nichtreligiösen Glauben. Vielleicht, dies gestehe ich offen zu, ist das eine künstliche Trennung. Ich lebe damit, so wie vielleicht die allermeisten Menschen, zu denen ich mich zähle, mit künstlichen Trennungen leben oder auch zu leben haben. Deshalb glaube ich Ihnen."

„Gut, ich nehme es so an, wie Sie es sagen", entgegnete Richard N, „ich denke, noch mehr darüber zu diskutieren, wäre wohl unergiebig. Zudem betraf meine Erwartung an

Sie", und hierbei sah mich Richard N nachdenklich an, „nur die, dass Sie mir zuhören. Beinahe geht die Tatsache, dass Sie mir zudem noch glauben, über meine Erwartungen hinaus.

BLINDHEIT FASST DEN STOCK

AM DOMESROCK.

IM TURMGESANG

ZEITLOS STILLER WEHMUTSKLANG.

Im blauen Hafen

Orgeln schlafen.

Dornrote Klage

Im Lichtergang der Sage.

Sie sehen, dass mich auch Klänge weitaus mehr beeindruckt haben müssen, als ich lange Zeit dachte. Ich empfinde nicht nur die mit den Augen wahrnehmbare Räumlichkeit des Domes als eine die Fassbarkeit der Worte überschreitende Dimension. Ebenso ergeht es mir, wenn ich an Klänge denke, die in Jahren, die teilweise schon lang zurückliegen, in besonderer Weise auf die Empfänglichkeit des Gemütes einwirkten.

Allein das Wort Dom vermittelte mir einen Klang, der auf den Schwingen des Vokals O durch den Raum schwebt, um den Raum in seiner tastenden Blindheit zu erkunden und dann mithilfe seiner vielfältigen Schallbrechungen und verhauchenden Echos, die wiederum neue Echos gebären, tonlich auszuformen. Jeder Ton im Dom, jeder Ton im Gewölbe, das so hoch aufragt, dass dem aufwärtsstrebenden Blick eine bestürzende Dimension anhaftet, erzeugte ein neues Bauwerk, das ich als einen Tondom bezeichnen möchte.

„Es war", fuhr Richard N in einer Stimmung fort, die seine Faszination nur unschwer verbarg, „als vermochten die Töne den vor mir sich auffaltenden Dom in eine Vielzahl von Domen wachsen zu lassen; als erhöben sich aus dem wirklichen, aus rotem Sandstein gefügten Dom noch viele, unzählbar viele Dome aus klingenden Tonbausteinen in die Höhe und als durchbrächen sie das hohe Gewölbe des Domes, um in das Blau der Unbegrenztheit vorzustoßen und die Wolken an ihrer klangvollen Lustbarkeit mitschwingen zu lassen. Ich hätte mir sogar vorstellen können", fuhr Richard N in der Begeisterung seines Berichtes fort, „dass der Mond die Sichel hätte klingen lassen wollen, wenn er die übereinander sich türmenden Tondome auf sich zukommen sah. Vielleicht hätte der Mond dann schmunzelnd gesagt, dass in der Stadt am Strom völlig neue Töne angeschlagen werden, und hätte dabei die Sichel geschüttelt.

Darf ich Sie fragen, ob Sie mir auch dies glauben", wandte sich Richard N lebhaft an mich, vielleicht selbst überrascht, wie weit ihn die Begeisterung über seine tonalen Gedankengänge inspiriert hatte.

„Ich glaube Ihnen auch dies", entgegnete ich, „ich habe damit keinerlei Probleme, Herr N" – eine Antwort, die ihn trotz ihrer Knappheit wohl doch beruhigte.

„Wissen Sie", fuhr Richard N fort, „es geht mir nicht immer so, dass mir geglaubt wird. Eigentlich sollte es mir gleichgültig sein. Aber ich entdecke immer wieder, und sogar zu meinem eigenen Erstaunen, dass dies offensichtlich nicht der Fall ist. Es scheint ein in mir verankertes und nicht weiter sich erklärendes Bedürfnis zu wohnen, das nach äußerer Anteilnahme und Bestätigung strebt. Manchmal", spann Richard N den Faden, inzwischen sichtbar nachdenklich geworden, weiter, „wünschte ich mir eine Form der inneren Unabhängigkeit, die es mir erlauben würde, durch ein Meer der Gelassenheit zu segeln, ohne den gelegentlichen Durst nach solcherart äußerer Bestätigung verspüren zu müssen – und sei es auch nur in dem Sinn, dass mir ein anderer Mensch sein Ohr leiht, so wie Sie es tun. Aber dann merke ich zu meinem eigenen Befremden, dass der Durst nach dieser Bestätigung auf meinen Lippen brennt.

Es brennt in mir geradezu danach, das, was ich erlebe, mitzuteilen. Wenn ich es mir so durch den Kopf gehen lasse, verhält es sich vielleicht in der Gesamtheit des Weltalls nicht viel anders als in dem engen Radius meines Lebenskarussells. Vielleicht nehmen sogar in größerer Entfernung dahinziehende Planeten Anteil daran, was sich auf der Erde vollzieht, und fühlen ein leichtes Zittern in ihrem Inneren, wenn mächtige Gewalten die Erde aus der Bahn zu bringen drohen.

MOND UND STERNE,

BLAUE LATERNE.

ROTER ERDENGLANZ,

WILDER TANZ.

Weihrauchsplitter,

Oriongewitter.

Winde wehen Blüten

in ferne Lichterhütten.

Im Grunde habe ich Ihnen nur von dem großen Dom erzählen wollen, und jetzt bin ich über die Tonleiter schon fast ins Weltall geklettert", sagte Richard N mit einem Ausdruck, als schüttele er selbst vor Verwunderung den Kopf.

III

„Vergessen im Land

schwebt Rotsteinsand.

Tauben picken die Körner der Zeit

in grosser Emsigkeit.

Mohnwind

drängt auf weissen Strassen

Purpurschnecken

ins Vergessen.

Atem

brandiger Nächte

quält

die Erinnerungswelt.

Falken wirbeln.

Giebel

fürchten

Gewitter von Leid.

Genicke

flicken

den Teppich der Ewigkeit.

Es brennt die Zeit.

Feuer,

rot flammendes Ungeheuer,

schreit das Schiff

am glühenden Riff.

Sterne braten

am Horizont.

Der Mond

versengt, verraten.

Die Nacht ächzt lichterloh.

Es stirbt das schwarze Stroh.

Alle Tore sind verbaut.

Die Türme schreien unermesslich laut."

IV

Wäre ich darum gebeten worden, meine bisherigen Eindrücke und Empfindungen wiederzugeben, so wäre mir dies nicht leicht gefallen. Es war zweifellos ungewöhnlich, dass sich Herr N mit dem ausdrücklichen Wunsch an mich gewandt hatte, mir von der Stadt am Strom zu berichten, beziehungsweise seiner Stadt am Strom.

In den beruflichen Angelegenheiten, denen ich folgte, stand das Ungewöhnliche so stark im Vordergrund, dass es das Gewöhnliche in den Hintergrund drängte. Es ließe sich sogar sagen, dass die üblicherweise gezogene Grenzlinie zwischen dem Bereich des Ungewöhnlichen und des Gewöhnlichen, aus einem sehr weiten Blickwinkel betrachtet, gegenstandslos war. Richard N's Bericht illustrierte die Fragwürdigkeit solcher Kategorisierungen von gewöhnlich und ungewöhnlich, denn auch im Rahmen von Richard N's ungewöhnlichem Anliegen, mir von seiner Stadt an seinem Strom zu berichten, gab es Aspekte von Gewöhnlichkeiten. Es gab Dome in der wirklichen Welt. Es gab Türme, es gab Wolken und es gab das, wenn auch letztlich in die Rätselhaftigkeit eines großen Entwurfs getauchte Zusammenspiel von Erde, Sonnen, Monden, Planeten und Kometen.

So brachte mich Richard N's Bericht in eine Gemütsverfassung, in der die Wellen des Ungewöhnlichen und des Gewöhnlichen ineinander flossen und mir Fragen, die mir vielleicht an dieser oder jener Stelle gekommen wären, aus der Hand nahmen und im Strom von Richard N's Bericht fortschwemmten. Aber dies beunruhigte mich nicht. Obgleich ich es durchaus gewohnt war, von der Möglichkeit, Fragen zu stellen, Gebrauch zu machen, sah ich dem Forttreiben der Fragen im Verlauf von Richard N's Bericht ohne Beunruhigung zu. Vielleicht spielte die Zuversicht eine Rolle, dass die Fragen wieder zurückkämen, sofern sie wichtig waren; vielleicht die Vorstellung, dass die Fragen selbst in eine Antwort hineinfinden würden; vielleicht das innere Empfinden, dass die Fragen, wie auch alles, was Richard N berichtete und was sich im Gewand des Ungewöhnlichen darstellte, später einmal in die Mündung einer eigenen Lösung treiben würden, und dass es nicht nur ein Ausdruck hilfloser Passivität meinerseits war, wenn ich mich nur auf das Zuhören beschränkte, sondern dass sich hierin ein Gewähren- und Sich-seinen-Weg-finden-Lassen von Richard N's Erzählstrom widerspiegelte.

Somit fiel es mir nicht schwer zu akzeptieren, wenn ich einiges von dem, was Richard N berichtet hatte, zum gegenwärtigen Zeitpunkt nicht in vollem Umfang verstand. Sein Ausflug in den Bereich des Religiösen stellte mich vor ebenso hohe chinesische Mauern wie seine Beschwörung des Domes und dessen nach den Wolken greifenden Türmen. Dennoch wirkte das Gefühl, vor einer hohen Mauer zu stehen, nicht in einem solchen Maß beeinträchtigend, dass es meine Gedankengänge und Fantasien gelähmt hätte. So labyrinthisch Richard N's Bericht auch passagenweise für mich klang, so erlaubte mir doch die Hilfestellung der Fantasie, die Augen von der starren Fixierung auf die chinesische Mauer des Nichtverstandenen zu lösen und die Blicke über die Mauer streifen zu lassen. Zwar zeigte mir dies nicht das tatsächliche, sich jenseits der Mauer ausbreitende Gesicht der Landschaft, aber es führte Tupfer denkbarer Möglichkeiten vor Augen. Ein solches Vorgehen mag in einer Welt, in der das Erringen von auf objektiven Gewissheiten und Fakten basierenden Sicherheiten im Vordergrund steht, als unzureichend betrachtet werden. Ich war es jedoch zufrieden, das impressionistische Gesprenkel von Möglichkeiten sich entfalten zu wissen – statt nur eine kahle Wand des Nichtwissens vor mir stehen zu sehen – , umso mehr, als es sich allein dank der Fantasie aufgetan hatte.

Vielleicht zeigte sich das seltsame Phänomen des zwischen den Polen der Bestimmtheit und Unbestimmtheit Oszillierens oder, anders ausgedrückt, des Pendelns zwischen Fassen- und Nicht-fassen-Können, nicht nur in Richard N's Bericht über eine Stadt an einem Strom, die gewiss eine bestimmte Stadt an einem bestimmten Strom darstellte, sich dann aber gleichsam in einem Teich der Unbestimmtheiten viele- möglicher Städte an vielen möglichen Strömen auflöste – wobei die Stadt an einem Strom insofern eine gewisse Präzisierung erfuhr, als Richard N von seiner Stadt an seinem Strom sprach –, sondern auch in den von Richard N vorgetragenen Versen, was auf den ersten Blick seltsam anmuten mag.

Zunächst hatte ich nicht begriffen, dass Richard N von einer erzählenden in eine Reimsprache gesprungen war, da sich die Verse in den Fluss des Ganzen zu fügen schienen. Daher war meine Aufmerksamkeit erst von dem Moment an mehr auf die Verse gerichtet, als sich Richard N für das Einfügen der Verse entschuldigte. Erst dann wurde mir deutlich, wie wenig ich seine Verse, obgleich ich sie weiterhin keineswegs als störend für den Ablauf des Gesamten empfand, verstand, wobei ich gestehen muss, dass es sich zeitweilig sogar völlig meinem Verstehen entzog, was Richard N mit seinen Versen wirklich zum Ausdruck bringen wollte. Da mich jedoch mein Gefühl zurückhielt, Richard N's Bericht durch Fragen zu unterbrechen, ließ ich die Verse in ihrem Klang dahinziehen und begann, als ich mich achtsamer auf sie einstellte, zu spüren, dass sie mir, auch wenn sie mir keinen Sinn zutrugen, dennoch in einer seltsamen Art und Weise Bilder zuspielten, deren Bedeutung sich mir zunächst entzog, denen ich vielleicht sogar gleichgültig gegenüberstand, die aber nachwirkten und vielleicht, ähnlich wie ich es bezüglich der Fragen erhoffte, später in die Arme einer Bedeutung treiben würden.

Gewiss war die Annahme naheliegend, dass Richard N als der Schöpfer seiner Verse um deren Bedeutung wusste. Aber da zumindest ein Teil von mir durch Richard N's Bericht in eine Gemütsverfassung geraten war, in einem auf- und niedertanzenden Wellenspiel von Möglichkeiten dahinzutreiben, tauchte in mir die Frage auf, ob er, Richard N, eine nachvollziehbare Interpretation seiner Verse entwickeln könne. Ich sah davon ab, diese Frage auszusprechen, da ich ihm die Zusage gegeben hatte, mich auf die Rolle des Zuhörenden zu beschränken. Diesem Anliegen war ich, so hoffte ich – und diese Hoffnung war durch Richard N's Aussage unterstützt worden –, so weit es im Rahmen meiner Möglichkeiten lag, entgegengekommen, indem ich mich meines mir zur Verfügung stehenden Gehörorgans bedient hatte, dessen komplexe Gehörschneckenfunktion schon lang meine Bewunderung erregte. Ich hatte, um Richard N's Anliegen zu entsprechen, meine Ohren sozusagen aufgemacht, obgleich dieser Begriff, so weit verbreitet er auch ist, die tatsächlichen physiologischen Gegebenheiten nicht korrekt widerspiegelt, denn es lag weder in meiner Hand, die Ohren aufzumachen, noch sie zuzumachen, da ich über keine schalldichte Pforte im Gehörgang verfüge. Ich hoffe, hiermit darzulegen, dass mein Einfluss auf die auf mich von Richard N zukommenden akustischen Schwingungen begrenzter war als es der Ausdruck Die-Ohren-'Aufmachen' widerspiegelt. Alles was ich tun konnte, bestand darin, Richard N eine Bereitschaft des Zuhörenwollens entgegenzubringen. Diese Bereitschaft entschied darüber, ob die in zitternde Luftmoleküle verkleidete Botschaft seines Berichtes letztlich in das Innere meiner Person gelangen konnten, was wiederum ohne die bewundernswerte Verwandlungsfunktion der Gehörschnecke nicht möglich gewesen wäre.

Hier, und dies wird mir erst jetzt bewusst, muss ich gestehen, mich einer Ungenauigkeit, deren Wurzel in einem unzureichenden Nachdenken begründet ist, schuldig gemacht zu haben. Zum einen hatte ich den komplexen Hintergrund, der sich hinter dem Begriff des Zuhörens verbirgt, Richard N eingangs nicht differenziert genug erläutert. Zum anderen führte Richard N's Bericht oder die Natur der Wiedergabe dieses Berichtes dazu, dass ich aus der Rolle eines rein Zuhörenden, der wie ein Schwamm Klänge aufnimmt, an die Ufer noch einer anderen Dimension geschwemmt worden war – die Welt der Bilder. Dies habe ich andeutungsweise durchblicken lassen, worauf die Begriffe Tupfer, Impressionen, Fantasielandschaft, blitzartig aufleuchtende Bilder oder bildliche Mosaike, wenn Richard N seine Verse rezitierte, als

Markierungssteine entlang eines Weges in die Zeichen bildlicher Manifestationen hinzuweisen vermögen.

Zunächst war ich zu sehr in der Rolle des Zuhörers befangen – gewissermaßen im Rauschen eines Waldes gefangen –, als dass ich die Bäume der Bilder gesehen hätte. Ohne es unmittelbar zu erfassen, hatte mich Richard N aus dem Dom der Töne in die Landstriche der Bilder, der Farben, in das Babylon der Augen geführt, gezogen, geschoben, geweht oder wie auch immer man es hätte in Worte fassen wollen.

V

„Aufsteigt

der Worte Kahn

im Niemandsland

der Gezeiten,

in Weiten

russvoll im Steppenbrand.

Rand

DER TÜCKEN,

WILDBRENNENDE SCHIMMEL,

OHNMÄCHTIGE TÜRME,

LODERNDE FEUERSTÜRME.

ES STÖHNT DIE NACHT,

TORE STÜRZEN.

ES KRACHT DAS LODERNDE GEBÄLK DES WELTALLS.

GLÜHEND ROTE WOLKEN ZIEHN,

BRUNNEN GLÜHN.

Verkohlte Knochen.

Verfinsterung des Mondes.

Feuerpfähle,

Augengequäle.

Totes Herzenmeer, hoffnungsleer.

Türme schwanken,

Häuser, Strassen, Brücken wanken.

Der Dom ist verloren.

Versengte Fahnen wehen in den Wind.

Du bist verstummt, mein Kind."

VI

„Bei dem Dom war ich stehengeblieben", nahm Richard N den Gesprächsfaden wieder auf. „Entschuldigen Sie bitte, die Verse kamen mir gerade dazwischen. Ich scheine selbst ein bisschen den Faden verloren zu haben. Aber so geht es mir manchmal. Ich erzähle und dann habe ich den Faden verloren und muss ihn wieder finden. Es geht mir auch so, wenn ich für mich denke, was jedoch in der Regel niemand anderem als mir selbst auffällt. Aber gegen das Problem, zur Unzeit den Faden zu verlieren, ist wohl kein Kraut gewachsen. Damit werde ich leben müssen. Wenn ich darüber nachdenke, verliert man schon bei der Geburt seinen ersten großen Faden, die Nabelschnur, und natürlich auch dann, wenn man ins Grab steigt. Manche Weisen sagen, das ganze Leben hinge an einem seidenen Faden. Jedenfalls sollte ich mich ernsthaft bemühen, den Faden schnell zu finden statt Ihre Zeit zu sehr in Anspruch zu nehmen. Denn ich wollte Ihnen weiterhin über die Stadt am Strom, das heißt meine Stadt am Strom berichten. Ich habe das Gefühl, ich sollte beim Erzählen bleiben und nicht ins Philosophieren abschweifen."

„Mir persönlich ist es gleichgültig, wie Sie dies handhaben wollen, Herr N", antwortete ich. „Ich werde weiterhin zuhören. Allerdings darf ich Ihnen versichern, dass die Philosophie meiner Bewunderung sicher sein kann, wobei ich hinzufügen muss, dass sich die Philosophie meinem Verständnis entzieht. Sie liegt oder bewegt sich außerhalb des Rahmens meiner Kompetenzen. Damit möchte ich Ihnen sagen, dass ich Ihnen gern bei Ihren philosophischen Gedankengängen zuhöre sowie in Hinblick auf andere Sachverhalte, aber nicht in der Lage wäre, sachkundig auf sie einzugehen. So bleibt es

Ihnen überlassen, wie Sie sich einem philosophischen Untalent wie mir gegenüber verhalten möchten."

„Verstehen Sie tatsächlich nichts von Philosophie?", fragte Richard N nach.

„Nein, bedauerlicherweise nicht", entgegnete ich.

„Aber ich habe doch eigentlich auch schon bezüglich des Domes hier und da philosophiert?", sagte Richard N mit einem leichten Erstaunen.

„Es mag so sein, Herr N. Aber ich habe es wohl nicht bemerkt und dies ist sozusagen der Beweis für das, was ich eben sagte. Da ich nichts von der Materie der Philosophie verstehe, merke ich nicht, ob ein Mensch in dem, was er oder sie mir erzählt, philosophiert. Es verhält sich ganz einfach so oder vielleicht sehe ich die Dinge zu einfach. Es ist für mich, so wie ich nun einmal beschaffen bin, so, dass ich das, was ich nicht erkennen oder wissen kann, weder erkenne noch weiß. Vielleicht werde ich noch einen Lernprozess durchlaufen und an die Küsten der Philosophie geschwemmt – wenn ich dies in einem Bild ausdrücken darf. Aber derzeit ist es so, dass ich mich nicht als einen Philosophen erlebe. Allerdings möchte ich nicht allzu rigide sein. Denn ich erkläre mich zu einem kleinen Zugeständnis bereit und Sie werden sehen, ob es für Sie akzeptabel ist. Wenn Sie so wollen – und ich beziehe mich hier auf den landläufigen Begriff des Philosophierens –, dann denke ich, dass vielleicht dem Zuhören eine gewisse philosophische Qualität zuzuschreiben ist, indem ich hier sitze und nichts tue und dennoch nicht das Gefühl habe, dass nichts geschieht."

„Ich werde darüber nachdenken, ob und welche philosophische Qualität sich dahinter verbirgt", erwiderte Richard N, „aber es ist richtig, dass es mein Ansinnen war, Ihnen zu erzählen, und dass ich gewiss nicht erwarten kann, in Ihnen ein philosophisches Gegenüber zu finden.

Nun, ich war bei dem Dom stehen geblieben. Ich habe das Gefühl, ich brauche noch einen Moment der Besinnung, um den verlorenen Faden wieder aufzuspüren und mit meinem Bericht fortzufahren. Vom vielen Reden ist mir der Mund trocken geworden. Dürfte ich Sie vielleicht um ein Glas Wasser bitten?", fragte mich Richard N.

„Selbstverständlich gern", sagte ich, stand auf und brachte es ihm einige Augenblicke später.

„Danke", entgegnete Richard N und führte das Glas so langsam an seine Lippen, als sei er sich der Bedeutung eines kleinen Glases Wasser in einem Meer von Selbstverständlichkeiten bewusst.

VII

„Danke", sagte Richard N nochmals, als er das Glas geleert hatte, „das Wasser hat mir gut getan. Es war vermutlich nicht nur einer durch das Sprechen bedingten Trockenheit in meinem Mund zuzuschreiben, dass ich das Bedürfnis nach einem Glas Wasser verspürte. Es ist auch so, als empfände ich, seitdem der Faden meiner Erzählung ins Stocken geraten ist, eine leise Angst, die für mich schwer einzuordnen ist. Solange der Dom mit seinen mächtigen Türmen in der Landschaft stand, fühlte ich mich wie in einem in einem ruhigen Gleichklang dahinziehenden Strom, aber seit dem Flug hoch in den Himmel und ins Weltall, wo ich auch das Erzählen über den Dom im Hintergrund ließ, fühle ich mich verunsichert, als hätte ich nicht nur den Faden aus den Händen verloren, sondern als sei ich aus einem gleichmäßigen Rhythmus geraten, ohne zu wissen, weshalb. Denn eigentlich wollte ich in der gleichen inneren Gemütsverfassung fortfahren, um weiter von meiner Stadt an meinem Strom zu berichten. Hin und wieder erlebe ich, dass ich in einer friedlichen Leichtigkeit erzähle, als würde ich auf einer Wolke über Länder reisen, und dann ist es, als sähe die Wolke unvermutet und jäh unter sich einen Abgrund, wie soll ich sagen – ich sage es einfach so, wie es mir gerade in den Sinn kommt – ein Inferno unter sich. So sehr erschreckt sich bei diesem Anblick die Wolke, dass sie auf ihrer Himmelsbahn strauchelt und ganz aus ihrer Bahn fällt."

„Inferno, sagten Sie, Herr N?", fragte ich ihn unvermittelt, um mich zu vergewissern, ob ich dieses Wort auch richtig gehört hatte.

„Inferno, Sie haben völlig richtig gehört. Ich glaube, der italienische Dichter Dante hat über das Inferno geschrieben."

„Das ist möglich. Sie wissen sicher besser Bescheid als ich. Literatur kenne ich nur am Rande", ergänzte ich.

„Ja, Inferno, ganz richtig", wiederholte Richard N nochmals und versank dann in ein Schweigen.

Ich nahm Richard N's Schweigen nicht zum Anlass, ihn zu unterbrechen. Was könnte Richard N mit Inferno gemeint haben?

Ich spürte, dass sich seit Richard N's Bericht über den Dom, der eine so bedeutende Rolle in seiner inneren seelischen Landschaft einnahm, eine Wandlung vollzogen hatte.

VIII

Aber da nahm Richard N den Faden des Gesprächs wieder auf.

„Wissen Sie, und nun fällt mir auf, dass ich Sie bislang noch nicht mit Ihrem Namen angeredet habe, was vielleicht illustriert, wie tief die Philosophie der Namenlosigkeit in mir reicht. Eigentlich hätte ich Ihnen nun gern, in dem gleichen friedlichen Tenor fortfahrend, vom Leben der Stadt, ihren Straßenzügen, ihren platanenbesäumten Alleen und verwunschenen Winkeln, ihrem Treiben im Fortgang der Jahre und den Insignien des industriellen Fortschritts erzählt. Es wäre die logische Fortführung des Gesprächsfadens nach der Dom-Ouvertüre gewesen, aber hier ist leider der Faden abgerissen.

Als sei ich wie eine Feder von einem unvermuteten Sturm an eine ferne Küste verweht worden, ohne zu wissen, was sich eigentlich meiner bemächtigte und auch ohne mich wehren zu können, sitze ich nun wieder, gleichsam zurückgekehrter vor Ihnen; aber vielleicht auch erstmals sprachfähiger, so als sei ich der Hoffnung, es gelänge mir, mit der Erzählung fortzufahren, ohne dass Sie denken, dass das, was ich erzähle, sinnlos oder sinnüberschreitend oder gar wahnsinnig ist."

Als wolle sich Richard N meiner Auffassung versichern, fragte er nach. „Glauben Sie, dass ich wahnsinnig bin?"

„Herr N", entgegnete ich, als wollte ich meine Aussage so klar und eindrücklich wie möglich formulieren, „nichts, was Sie bislang geäußert haben, gibt mir Anlass zu der Schlussfolgerung, dass Sie Manifestationen von Wahnsinn von sich gegeben haben. Sie mögen träumerische Tendenzen haben oder sich vielleicht durch eine besondere Form der Empfindsamkeit auszeichnen, aber dass es sich hierbei um Zeichen von Wahnsinn handelt, kann ich klar verneinen. Was die Darstellung zukünftiger, im Moment noch nicht zum Ausdruck gebrachter Erfahrungen betrifft, so bin ich natürlich noch nicht in der Lage, mir ein abschließendes Urteil zu bilden.

Dies, und mehr kann ich hierzu nicht sagen, ist meine Einschätzung. Ich kann Sie somit bezüglich dieser von Ihnen gehegten Befürchtung beruhigen. Und nun, Herr N", fügte ich hinzu, „dürfen Sie bitte einfach weiter erzählen. Ich werde hier sitzenbleiben, bis Sie zu Ende erzählt haben."

Richard N holte tief Luft und sah mich noch einmal an. Dann hob er an.

IX

„Vielleicht denken Sie doch, ich sei wahnsinnig", sagte Richard N, „denn ich sehe nicht nur die schönen, gepflegten Straßenläufe und die romantischen Gassen, wenn ich an die Häuserzüge meiner Stadt denke, die sich vom Ufer des Stromes unter der Wacht der Domtürme bis in die Ausläufer sanfter Hügel hinziehen. Es ist, als habe sich dieses friedfertige Bild, das auch den Stadtfremden von blauen Postkarten anlacht, mit einem anderen vermischt und wie in einer ungeheuren Hitze verschmolzen und verbacken wie glühende Erze, wenn sie zischend vermischt werden und Legierungen eingehen, die nicht mehr zu trennen sind.

Vielleicht verstehen Sie nicht, was ich meine", fuhr Richard N mit einem kurzen, zu mir gewandten Blick fort, „aber es ist so. Das Merkwürdige ist, dass ich alles nicht selbst erlebt habe. Nein, ich kann es gar nicht selbst erlebt haben, denn es geschah vor meiner Geburt.

Ich weiß es von meinem Studium der Ereignisse. Sie glauben vielleicht, es ist wahnsinnig. Aber es ist so. In mir ist die Friedensglocke in der furchtbaren Hitze dieser einen Nacht in schwarzes totes Erz, in einen höllischen schwarzen Klumpen verschmolzen. Der Himmel brannte. Er dröhnte, verstehen Sie? Können Sie sich das vorstellen? Statt eines blauen Himmels, in den die Türme des Domes friedlich aufragten, dröhnte der Himmel. Der gesamte Himmel dröhnte.

Sie werden es nicht glauben, riesige, schwarze Vögel aus Metall flogen mit einem unbarmherzigen Geräusch über den Himmel. Fern vom Horizont waren sie gekommen. Kein

Wind, kein Sturm, keine Verlockung der Erde hätte sie von ihrem Kurs abbringen können. Sie kamen immer näher, immer unaufhaltsamer näher. Verstehen Sie, wie es sein muss, wenn etwas erbarmungslos näherkommt und Sie können es nicht aufhalten, nicht mit ihrer Hand, nicht mit einem Dreschflegel, nicht mit einer Schrotflinte, nicht mit einem freundlichen Wort, nicht mit Weihrauch, nicht mit einem Gebet? Denn der Allmächtige schläft vielleicht oder er kann Sie nicht hören, weil der Himmel so dröhnt. Keine Wolken können die schwarzen Vögel von ihrem Flug abbringen obwohl sie so schwer beladen sind. Kein Regensturm kann sie aufhalten, keine Hagelstürme können sie zum Aufgeben zwingen. Nichts vermag ihren Willen zu brechen. Sie fliegen mit lang gezogenen, scharfen Schnäbeln immer geradeaus durch die Wolken hindurch. Ihre Schnäbel sind so scharf, dass sie die Wolken zerschneiden. Die Wolken bluten. Dann fällt tiefroter Blutregen vom Himmel. Verstehen Sie?

Sie denken vielleicht jetzt, ich sei wahnsinnig. Aber gewiss haben Sie schon von blutgetränkten Strömen gehört. Vielleicht schlagen Sie einmal ein Geschichtsbuch auf und lesen über rote Ströme, die wie Blutadern durch den Kontinent gezogen sind. Es war Blut ohne Herzen. Denn die Herzen waren tot, verblutet.

Ich darf den Faden nicht verlieren, denn die Vögel kommen näher und näher und Sie können sie nicht aufhalten und kein Stoßgebet hilft, und dann, ich habe es nicht erlebt und doch weiß ich es.

Ich habe keine Zeugen, aber der Baum, der in meiner Kindheit vor dem Fenster stand, lang nachdem es geschehen war, war mein Zeuge, denn es war ein alter Baum.

Dann kommt eine atemlose Stille, eine unheimliche, eine abgrundtiefe Stille, diese unsägliche Stille, die noch den letzten Atemzug der Unversehrtheit, den allerletzten Atemzug ausstößt, wie ein letztes Stoßgebet in den Himmel, wie ein letzter Kniefall des Erbarmens vor dem, der über allen Türmen wacht. Verstehen Sie? Verstehen Sie?"

„Ich weiß nicht, ob ich verstehe, aber ich höre Ihnen zu. Ich wollte es Ihnen nur sagen, ohne Sie unterbrechen zu wollen", sagte ich.

„Ja, so war es", fuhr Richard N fort, „so muss es gewesen sein. Dann bricht der Himmel, dann zucken die Wolken auf. Selbst die Blitze erschrecken und der Donner sieht ohnmächtig zu und dann sind die schwarzen Vögel über den Häusern der Stadt, deren Türme Jahrhunderte über die Zeiten gewacht haben, und die Vögel stieren mit ihren bösen, kalten Augen. Sie stoßen ein entsetzliches Gekreische aus. Nein, sie stürzen nicht auf Sie herab oder auf Ihre Augen. Die Vernichtung braucht nur einen Augenblick über Ihnen zu schweben, um ihr furchtbares Werk zu vollenden. Die schwarzen Vögel krallen sich diesen einen Augenblick an den roten Fetzen der Wolken fest und dann stoßen sie etwas aus, es ist, verstehen Sie …? Nein, Sie können es nicht verstehen. Sie brauchen es nicht zu verstehen, aber bitte glauben Sie mir, bitte glauben Sie mir. Vielleicht haben Sie recht, dass ich nicht wahnsinnig bin, vielleicht fiel der Wahnsinn vom Himmel und da stoßen die schwarzen Vögel das Furchtbare aus.

Und dann fliegen die schwarzen Vögel weiter – als seien sie erleichtert. Sie stoßen Schreie der Erleichterung aus, nachdem sie die schwere Last abgeworfen haben. Dann können Sie nur noch warten. Kein Gebet hilft Ihnen mehr. Es hilft nicht mehr, die Schwerkraft zu verfluchen oder anzuflehen, bitte, Schwerkraft, bitte, bitte, nur einmal schiebe die Last, die furchtbare Last von mir fort, von all den Häusern, von den Türmen, von dem Strom, von all dem, was lebt, schiebe das entsetzliche Grauen ins Weltall.

Aber, nein, es hilft alles nichts. Die Schwerkraft ist taub und das Blut gefriert in den Adern. Sprache stirbt in diesen Sekunden und dann ist alles nur noch ein großer Schlag, der alles zum Wanken bringt, bis tief in das Mark der Erde, der die Erde aus ihrer Umlaufbahn zu schleudern droht. Der Mond zittert und Sie können nicht mehr denken. Die Gefühle sind erstarrt. Ein einziger Schlag, ein Schlag, der nur Augenblicke dauert, ein Krachen, als bräche das Gebälk des Himmels zusammen, ein furchtbares Krachen, als fielen die vielen Hoffnungen, die Gebäude des mühsam errichteten Glaubens wie Elephantenleiber zusammen, so schwer und vernichtend unwiderruflich.

Selbst die Türme schweigen. Die Glocken sind mit Stummheit geschlagen. Die Fahnen hängen in blutleerem Weiß von den Masten. Der Wind kauert in der Hütte der Angst und die Wolken sind in Scherben und die Mondkerze ist vom Anprall der Schlagwellen verlöscht. Verstehen Sie? Es herrscht die atemlose Stille der Vernichtung, die alles übersteigt, die alles zunichte gemacht hat, die Jahrhunderte, ja, Jahrtausende zu Nichts zertrümmert hat.

Die schwarzen Vögel, die in die Dunkelheit entkommen sind, haben die Stadt für immer zerstört, haben ihr den Dolch der Vernichtung zwischen die Rippen ihrer Fassaden und Alleen und Kleinodien gestoßen. Sie treten in das Dunkel. Es flackern nur die Feuer, und es ist alles anders als es über Jahrhunderte gewesen war. Die Geschichte hat die Stadt in den Abgrund gestoßen und gegen das Feuerlicht des Abgrundes sehen Sie nur noch eines – die schwarzen Konturen der Türme des Domes. Sie schweigen, zutiefst erschüttert.

Sie, die Türme weinen. Sie weinen sandsteinrote Tränen auf die Brände, die um sie wüten. Sie möchten sich im Anblick der Zerstörung, des Verderbens, im Anblick des Infernos das Leben nehmen, sie wollen aus Verzweiflung umstürzen, um sich dem Erdboden gleichzumachen. Die Türme zittern, sie verlieren den Glauben, sie wollen den Leib des Kirchenschiffes unter sich begraben. Sie wollen die vom Rauch geschwärzten L der schließen. Über Jahrhunderte haben sie so viel gesehen, aber sie wollen nicht mehr mitansehen, wie um sie die Vernichtung wütet und der Sensenmann verkohlte Leicher von den Gerippen der Fassaden auf die Straße wirft und die Leichen zu großen Scheiterhaufen aufschichtet. Das wollen die Türme nicht ansehen und sie wollen mit allem untergehen, aber sie können nicht. Sie sind verdammt, alles anzusehen, sie, die Türme, die im Glauben errichtet worden sind. Sie sind verurteilt, dem Inferno ins Auge zu sehen, sie können nur sehen und stehen. Mehr können sie nicht. So bleiben sie, die Türme, stehen in dieser Nacht.

Sie werden es nie vergessen, auch später nicht, wenn das Leben langsam wieder in die Stadt tröpfelt, betäubt, noch nach Jahren. Sie werden es nie vergessen. Sie werden sich immer fragen, warum sie überlebt haben, aber diese Frage ist nicht zu beantworten. Vielleicht können die Türme nur stehen und ohnmächtig sehen und keine Fragen beantworten. Vielleicht ist das ihre Philosophie. Vielleicht lösen sich die Fragen in Höherem auf. Ich kann es nicht sagen. Ich weiß es nicht.

    TÜRME DER NACHT,

    INFERNO,

    TOTENRONDO.

Die Sense bricht das Licht,

Schwarze Vögel sterben nicht.

Leichen brennen rot.

Weissen Kalk verstreut der Tod.

Fassaden kippen,

Es schreien Kinderkrippen.

Puppen weinen

An toten Kinderbeinen.

Die Hand greift leer

ins Totenmeer.

Ein Brief verbrennt, vorbei,

ein Meer von Wahnsinnsschrei.

Türme stehen blutend rot

in dieser sprachversengten Not.

Sie suchen Sinn.

Denn du bist tot, ich tot im Leben bin.

Sie gehen nicht, sie stehn.

Sie sinnen nicht, es tut sie wehn.

Und erst nach langer Zeit

erklingt die Glocke der Lebendigkeit."

X

Richard N traten nun Tränen in die Augen.

Ich stand auf und zog ein weißes Papiertaschentuch aus einer kleinen Schachtel. Papiertaschentücher waren ein Zeichen dafür, dass die Zeiten seit der damaligen Nacht fortgeschritten waren. In der damaligen Nacht gab es keine weißen Papiertaschentücher. Sie wären verbrannt. Es war zudem so heiß gewesen, dass die Tränen verdampften und die Seen der Traurigkeit in der glühenden Hitze der Nacht austrockneten wie Seen in der Wüste.

Richard N nahm das Taschentuch dankend an und sah mich mit einem Blick an, in dem sich die Verzweiflung der damaligen Nacht, die er nie erlebt und doch erfühlt hatte, und in der sich auch das Bild der sich sandsteinrot in den blauen Himmel erhebenden Türme widerspiegelte.

Aber dies war vielleicht nur eine Fantasie meinerseits.

XI

„Ich habe das Gefühl, alles gesagt zu haben, was ich sagen wollte", nahm Richard N nach einer längeren Pause, während der er sich mehrmals die Tränen abgewischt hatte, wieder das Wort an sich.

„Ich habe das Gefühl, dass Sie mir glauben", fuhr er dann fort, ohne vorher die Bestätigung seiner Vermutung eingeholt zu haben.

„So ist es", gab ich Richard N zur Antwort, „und ich glaube Ihnen jedes Wort, Herr N. Ich darf noch hinzufügen, dass ich Sie – und ich sage dies mit allem gebotenem Nachdruck – in keiner Weise als am Wahnsinn leidend einschätze."

„Ich danke Ihnen für Ihr Zuhören und für diese Bestätigung", entgegnete Richard N, „Sie mögen es nicht glauben, aber es tut mir gut, solches erstmals in meinem Leben zu erfahren."

„Auch dies glaube Ihnen", erwiderte ich. Da ich darüber hinaus das Gefühl hatte, meinerseits keine Feststellungen mehr treffen zu müssen, schwieg ich.

Wir sahen uns eine Weile sprachlos an. Das Angebot nach einem erneuten Glas Wasser lehnte Herr N dankend ab. Ich wollte es ihm auch nicht aufdrängen.

„Ich denke, ich habe für heute alles gesagt", ergriff Richard N noch einmal das Wort, „und ich werde jetzt nach Hause aufbrechen. Vielleicht gehe ich noch ein bisschen in der sich anbahnenden Dunkelheit spazieren, aber nicht zu lang. Ich danke Ihnen für Ihr Zuhören."

„Es hat auch mich sehr berührt", entgegnete ich. „Ich denke, was Sie berichteten wird lang nachklingen, und ich denke, meine Gedanken werden sich hin und wieder den denkwürdigen hohen Türmen zuwenden."

Nachdem sich Richard N erhoben und ich ihn zur Tür begleitet hatte, gab er mir zum Abschied die Hand.

„Vielleicht werde ich noch einmal wiederkommen", sagte er.

„Gern, wenn Sie möchten", gab ich ihm zur Antwort.

„Ich habe", fuhr Richard N fort, „das fällt mir gerade auf, eigentlich noch gar nichts von dem Strom erzählt, also von meinem Strom, meine ich", betonte er.

„Ich werde Ihnen selbstverständlich zuhören."

„Ich glaube, ich würde Ihnen dann auch die Geschichte von dem Akrobaten erzählen, der auf einem hohen Seil über den Strom ging."

„Tatsächlich", fragte ich nach, „ein Akrobat, der über den Strom ging? Es klingt gefährlich."

„So war es auch", entgegnete Richard N, „aber der Akrobat überlebte es."

Und hierbei huschte ein sanftes Lächeln über sein Gesicht, als blühte unvermutet ein zartes, rosafarbenes Wölkchen am dunklen Himmel der Erinnerungen auf.

DANK

Es ist mir eine große Freude, den Menschen zu danken, ohne die die Verwandlung dieses Manuskripts in die Form eines Buches nicht hätte Wirklichkeit werden können.

So danke ich Silvia Moser für die lebhafte Ermutigung und Würdigung, die sie dem vorliegenden Text entgegenbrachte, Susanne Kraft für die feinfühlige Kompetenz und vielfachen Anregungen, die sie der Durchsicht des Textes zukommen ließ und Uwe Kohlhammer für sein immer wieder unter Beweis gestelltes kreatives Talent, einen getippten Text in das Gewand eines so schönen Layouts zu kleiden.

BÜCHER VON HILDEGUND HEINL UND PETER HEINL

IM THINKAEON VERLAG

Neu erschienen als Buch und als EBook

**UND WIEDER
BLÜHEN DIE ROSEN**
Mein Leben nach dem Schlaganfall

Erstmals erschienen bei Kösel, München, 2001

Heinl, H.: Thinkaeon, London, 2015
(Neuauflage)

Erhältlich über www.Amazon.de

„MAIKÄFER FLIEG,
DEIN VATER IST IM KRIEG ..."
Seelische Wunden aus der Kriegskindheit
Heinl, P.: Kösel, München, 1994, (8. Auflage)

Neu erschienen als Buch und als EBook
„MAIKÄFER FLIEG, DEIN VATER IST IM KRIEG ..."
Seelische Wunden aus der Kriegskindheit
Erstmals erschienen bei Kösel, München, 1994
Heinl, P.: Thinkaeon, London, 2015
Erhältlich über www.Amazon.de

KÖRPERSCHMERZ-SEELENSCHMERZ
Die Psychosomatik des Bewegungssystems
Ein Leitfaden

Heinl, H. und Heinl. P.: Kösel, München 2004
(6. Auflage)

Neu erschienen als Buch und als EBook

KÖRPERSCHMERZ-SEELENSCHMERZ
Die Psychosomatik des Bewegungssystems
Ein Leitfaden

Erstmals erschienen bei Kösel, München, 2004

Heinl, H. und Heinl. P.: Thinkaeon, London, 2015
(Neuauflage)

Erhältlich über www.Amazon.de

Neu erschienen als Buch und als EBook

LICHT IN DEN OZEAN DES UNBEWUSSTEN

Vom intuitiven Denken zur Intuitiven Diagnostik
Ein Leitfaden in den Denkraum

Heinl, P.: Thinkaeon, London, 2014

Erhältlich über www.Amazon.de

Soon available

LIGHT INTO THE OCEAN OF THE UNCONSCIOUS

From Intuitive Thinking to Intuitive Diagnostics
A Path into the Realm of Thinking

Heinl, P.: Thinkaeon, London, 2017

Soon available via Amazon

Neu erschienen als Buch und als EBook

SPLINTERED INNOCENCE
An Intuitive Approach to Treating War Trauma

Erstmals erschienen bei Routledge, London-New York, 2001

Heinl, P.: Thinkaeon, London, 2015

Erhältlich über www.Amazon.de

Neu erschienen als Buch und als EBook

SCHLAFLOSER MOND
Im Labyrinth des Chronischen Erschöpfungssyndroms

Heinl, P.: Thinkaeon, London, 2016

Erhältlich über www.Amazon.de

Neu erschienen als Buch und als EBook
LAVATANZ
Worte im schwebenden Raum
Heinl, P.: Thinkaeon, London, 2016
Erhältlich über www.Amazon.de

Neu erschienen als Buch und als EBook
**ESTHER K.
GENANNT EMMA**
Eine Märchenfantasie
Heinl, P.: Thinkaeon, London, 2016
Erhältlich über www.Amazon.de

Neu erschienen als Buch und als EBook

LICHTSCHNEE
im Wortraum

Heinl, P.: Thinkaeon, London, 2016
Erhältlich über www.Amazon.de

Neu erschienen als Buch und als EBook

DIE TAGE AM WORTSEE
Roman

Heinl, P.: Thinkaeon, London, 2016
Erhältlich über www.Amazon.de

Neu erschienen als Buch und als EBook
VERSECIRCUS
Heinl, P.: Thinkaeon, London, 2016
Erhältlich über www.Amazon.de

Neu erschienen als Buch und als EBook
WEISSES MARIONETTENPFERDCHEN
Theaterspiel
Heinl, P.: Thinkaeon, London, 2017
Erhältlich über www.Amazon.de

Neu erschienen als Buch und als EBook

DIE TÜRME DER ERINNERUNG
Erzählung

Heinl, P.: Thinkaeon, London, 2017

Erhältlich über www.Amazon.de

www.ingramcontent.com/pod-product-compliance
Lightning Source LLC
Chambersburg PA
CBHW070848160426
43192CB00012B/2351